EL RETO SOCIAL
de la Salud Escolar

UNA PROPUESTA PARA
"ESCUELAS LIBRES DE ADICCIONES"

-LUIS FRANCISCO MARTÍNEZ RUIZ
-VÍCTOR HUGO MEDRANO NEVÁREZ
-RUBÉN BORUNDA ESCOBEDO

bsph
Borderland Studies | Publishing House

CONTENIDO

PREFACIO

El malestar creciente que sufren las familias y escuelas, como resultado del grave deterioro del tejido social en el país, es un tema que preocupa a todos. Se han recibido denuncias y quejas en torno a este complejo problema, particularmente por la manifestación de múltiples casos de adicciones que se presentan en los escenarios escolares y los incidentes de pandillerismo y violencia que los acompañan, en especial en el núcleo de población adolescente, donde se presentan los mayores estragos.

Los sentimientos que expresan los maestros, los padres de familia y los ciudadanos en general, llevan a los estudiosos a observar con preocupación las consecuencias de estos fenómenos sobre las funciones de la escuela y los aprendizajes. Algunos de ellos van más allá y escudriñan los alcances de esta problemática en los años futuros, cuando a las actuales generaciones le sea demandada su incorporación a las fuentes de trabajo o posiciones de responsabilidad en la vida social.

[Entendemos que el tejido social en nuestras comunidades a lo largo del país, se encuentra severamente dañado, unas veces por la ola de delincuencia que se observa al exterior de la escuela, en los barrios y en las colonias donde viven con sus familias, y en donde observan con frecuencia hechos de violencia, que se convierten en ellos ejemplos a ser imitados; otras veces por la pobreza extrema que impide el mantenimiento adecuado de instalaciones y profesores, factor que añade algo más al proceso de deterioro de la autoestima de nuestros estudiantes, y otras veces más por circunstancias al interior de las propias escuelas y que tienen que ver con afecciones que provienen de hogares rotos o en conflicto.] (Escuelas de Paz, 2014).

Estas y otras condiciones que se observan en las escuelas y en las familias, nos ha llevado a presentar un planteamiento de fondo, para la superación de la causa raíz de este problema de la descomposición escolar, y sus manifestaciones en el terreno de las adicciones en los centros escolares.

[Es urgente, que sea la sociedad misma, la que emprenda las acciones necesarias para proteger a los suyos, e iniciar un programa extraordinario de intervención en las escuelas, en trabajo conjunto de la sociedad civil junto a autoridades e instituciones, para encontrar las formas de resolver este difícil problema que nos aqueja a todos, pues son las escuelas y las familias, ejes centrales en nuestra supervivencia como nación.] (Escuelas de Paz, 2014).

Los alcances de la tarea, en la que es necesario participen gobiernos y ciudadanos, las escuelas mismas, padres de familia, maestros, la sociedad civil organizada así como los estudiosos y especialistas en el tema, es de suyo mayúscula. Es necesario ante todo trabajar en el conocimiento del fenómeno, reuniendo evidencias de sus características y manifestaciones, a fin de responder las interrogantes más elementales primero, y después las más complejas.

Cuestiones acerca de ¿cómo se manifiestan las adicciones en las escuelas?, ¿cuáles sus principales indicadores?, ¿qué ocurre en general en el sector de los jóvenes?, ¿qué ocurre en las familias?, ¿cómo prevenir las adicciones en las escuelas?, ¿cómo crear las condiciones saludables en ellas para que los estudiantes participen con entusiasmo en su proyecto de vida, hoy en formación?

Estas son algunas de las cuestiones de mayor relieve que han llevado los Organismos de la Sociedad Civil, al presentar esta propuesta para la elaboración de un programa de prevención, intervención y erradicación de las adicciones, y robustecer una cultura en general de paz y sana convivencia en los entornos escolares y las familias como médula de nuestra sociedad.

Esta es la razón fundamental de este documento.

Expresa nuestra preocupación, al mismo tiempo que invita a padres de familia, maestros, profesionistas, grupos de la sociedad civil y a la comunidad en general, a unirse a esta iniciativa y luchar juntos, por el rescate de nuestras escuelas.

Para generar en las escuelas ambientes saludables, libres de adicciones, en donde se estimule el estudio y el aprendizaje.

Expresamos un sincero reconocimiento de todas las

asociaciones, comunidades y organismos de la sociedad civil, que han expresado su apoyo, aportando sus experiencias y con quienes compartimos un genuino interés por "la regeneración del tejido social, con prevención de adicciones y del delito, por la recuperación de espacios públicos para las familias mexicanas, por el fortalecimiento y promoción de la cultura física, del deporte y el ocio recreativo y saludable".

Capítulo 1

La Cuestión de las Adicciones en México

L a Encuesta Nacional de Adicciones 2011 --- una de las pocas herramientas en México que arrojan resultados confiables sobre el estado que guardan las adicciones en el país---, inicia la presentación de sus resultados, con una descripción bastante sombría del abuso de substancias psicotrópicas en México. Se reconoce, que se trata de "uno de los problemas de salud pública de nuestra época, que se presenta tanto a nivel nacional como internacional" y que "afecta, sin distinción de género, a niños y adolescentes, de todos los estratos sociales y de todas las regiones de nuestro país" (Secretaría de Salud, 2012).

Aun para el hombre común, no familiarizado con este

marco objetivo, el crecimiento en el consumo de drogas en México es bastante obvio, simplemente ateniéndose a lo que se observa en las calles. No dejan de constatarse con frecuencia los graves problemas que para las familias representan los hijos que han sufrido daños permanente en su sistema nervioso, como resultado del abuso de alguna substancia, desde los adolescentes que se quedaron "arriba", o aquellos que manifiestan pérdida de la memoria, o que simplemente han perdido su autoestima y se han vuelto pendencieros y con frecuentes problemas con las autoridades. Y lo más grave, las familias no se dan cuenta, hasta después de un tiempo, lo grave y serio del asunto y sobre todo que el camino que lleva el hijo es un camino generalmente sin retorno, un mero paso en la transición a drogas cada vez más fuertes.

Los efectos negativos de las adicciones ---en mucho solo visibles para los gobiernos, las agencias de salud y los especialistas---, suelen reflejarse en su dimensión sanitaria, en donde la necesidad de recursos extraordinarios se multiplica a medida que las adicciones crecen, y se hace necesario fondear las urgentes medidas de prevención. La cuestión implica una profunda preocupación para el sector público pues las necesidades crecen a pasos agigantados y los recursos continúan siendo escasos, y se ven impulsados a hacer cambios radicales en la

asignación de los recursos y programas para hacer frente a las necesidades de prevención, control de sustancias y asistencia social que se presentan como resultado de los altos consumos de substancias.

Las encuestas nacionales de adicciones ---2002, 2008 y 2011---, confirman que no solo han variado los porcentajes de consumo, sino que se han producido cambios también en el tipo de sustancias usadas y en los grupos de población que las prefieren, sobre todo si se observan los datos del consumo en adolescentes de 12 a 17 años. Tal es el caso de la mariguana ---la droga más popular entre los adolescentes---, que ha pasado a ocupar el primer lugar entre las sustancias, en este grupo de edad, desde un 0.9 a un 2.0 porcentual de consumo como se muestra en el comparativo de estas tres encuestas (ENADIC, 2011; 50), que se reproduce a continuación.

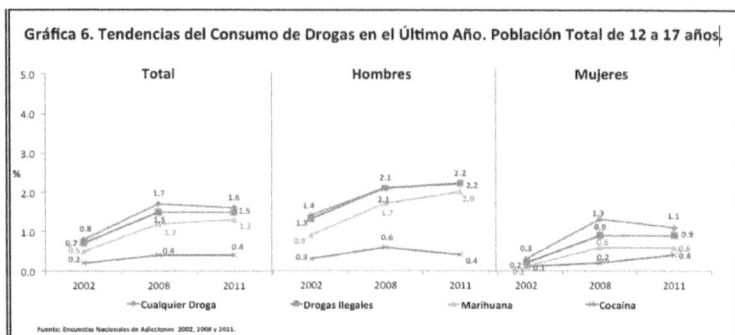

Gráfica 6. Tendencias del Consumo de Drogas en el Último Año. Población Total de 12 a 17 años.

Otro aspecto importante en la cuestión deriva del hecho de que los consumidores habituales no sólo ingieren un solo tipo de sustancia, sino que es frecuente que incluyan la ingesta de otras drogas en sus pautas de consumo. Así, los consumidores de alcohol, cocaína, o alguna droga, suelen contrarrestar los efectos de estas drogas, consumiendo también barbitúricos o anfetaminas. Se trata pues de una situación compleja en donde un porcentaje de los consumidores, no solo abusan de una substancia, sino de varias al mismo tiempo, lo que hace más graves los daños que se causan a la persona, mayores complicaciones en su rehabilitación, así como también en el esfuerzo de prevención del consumo en el individuo, en la familia y en la comunidad.

Las evidencias muestran que si bien los consumos de heroína han llegado a decrecer de forma estable, el consumo de otras drogas como la cocaína, el cannabis, los alucinógenos, el tabaco y el alcohol sigue siendo alarmante, especialmente entre la población juvenil. Se observa en este sentido un patrón de consumo caracterizado, por ejemplo, en el caso del alcohol, por consumo abusivo en fines de semana y una alta frecuencia de episodios de embriaguez que suele acompañarse de un mayor consumo de anfetaminas, éxtasis y similares. Es ésta una situación realmente preocupante si tenemos en cuenta que es en la adolescencia donde tienen lugar, no sólo los primeros contactos con las sustancias adictivas, sino también la instauración y consolidación de patrones estables de consumo e, incluso, la aparición temprana de problemas relacionados con la salud o el ajuste social, que pueden llegar a afectar de forma determinante en la edad adulta.

Clarificación de términos.

En el tema de las adicciones en los adolescentes, no deja uno de encontrarse en ocasiones un poco confundido cuando se aplica sin distinción alguna términos como "drogadicto" o "alcohólico" a los jóvenes adolescentes. Y esto es así, porque tratándose de este grupo de población, esos y otros conceptos similares, no describen en forma objetiva la realidad del problema. La verdad es que muchos de esos términos tienen sentido cuando el referente es la población adulta, no así cuando estamos frente a adolescentes y jóvenes en cuyo caso es preciso hacer distinciones y matices en las conceptualizaciones, dado que en la mayoría de los casos en este periodo, se trata solo de una fase de experimentación e iniciación en el mundo de las drogas. No hay que pasar por alto, también, las notas características de los adolescentes en esta etapa de crecimiento, como son los cambios drásticos y rápidos que se experimentan en estos momentos de la vida en el que se producen la mayor parte de las experiencias con las drogas.

A efectos de ganar objetividad en el uso de términos,

seguimos las precisiones que sobre estos conceptos hace el español García Moreno (2003), y que permiten entender con claridad el fenómeno del consumo de drogas en los adolescentes.

Los términos en su análisis, y que son aplicables a este trabajo, son los siguientes:

1. "Consumo de sustancias psicoactivas". Se define el consumo de drogas en la población adolescente como "un consumo compulsivo y recurrente de cualquier sustancia química que conlleve consecuencias negativas en cualquier área de la vida o del desarrollo del joven como, por ejemplo: (a) la salud; (b) la familia y las relaciones sociales; (c) el rendimiento escolar y/o laboral; (d) los problemas económicos o legales y, (e) el desarrollo personal".

Cuando el consumo se hace más evidente, por sus consecuencias negativas dificultan el desarrollo del joven, tanto a nivel individual como social, hablamos de "consumo abusivo" que tiene connotaciones de mayor gravedad.

2. "Dependencia".

El uso de este término aplicado a los adolescentes suele provocar cierta confusión, ya que la dependencia física en este rango de la población suele ser inusual.

En este caso, el término "abuso de sustancias tóxicas" es más apropiado al ser más descriptivo y abarcar un mayor número de jóvenes que tienen problemas o dificultades serias provocadas por el consumo y que pueden necesitar ayuda.

3. "Consumo abusivo de sustancias"

Desde el momento en el que el consumo de drogas en cualquiera de sus formas es ilegal, en el caso de los adolescentes se sostiene que, sea cual sea la cantidad consumida, debe ser considerada como inadecuada. De cuando se usa este término, estamos refiriéndonos a aquel consumo muy frecuente que puede interrumpir o tener consecuencias negativas en la vida del adolescente. En este caso, no nos referimos a experiencias esporádicas con las drogas, sino a un consumo cotidiano, como aquél que implica altas dosis o del aumento periódico de las mismas con el paso del tiempo. También se incluye en este concepto cualquier forma o tipo de consumo de sustancias químicas que pueda llegar a poner al joven en riesgo de padecer cualquier tipo de lesión física o psíquica grave como, por ejemplo, conducir bajo los efectos del alcohol o de las drogas.

4. "Fases de experimentación"
Se refiere a las etapas características en el proceso de consumo, desde drogas comunes como el tabaco o la cerveza, hasta el consumo más frecuente de otras de más difícil acceso y de mayor poder adictivo. Aunque no es posible aplicar esta secuencia en todos los casos, sí parece ayudar a la hora de clasificar a los consumidores, de especificar el tipo de consumo que cada sujeto suele llevar a cabo y, finalmente, el momento y el lugar en el que es más necesario y oportuno intervenir, bien a través de programas de tratamiento o de

prevención. Las fases más comunes utilizadas para estos fines son:

Fase 1: *Experimentación.*

Se caracteriza por los siguientes aspectos: (a) se da frecuentemente en los últimos cursos de la enseñanza básica; (b) el consumo no es habitual y, generalmente, se realiza mezclando tabaco, cerveza, licores o cannabis, aunque también pueden utilizarse inhalantes, fármacos o cocaína, dependiendo de la disponibilidad de los mismos o del ambiente en el que el joven se mueve; (c) el joven tiene una baja tolerancia a estas drogas y, gracias a la experimentación, comienza a aprender y a manejar los efectos que tiene el consumo de esas sustancias psicoactivas sobre su estado de ánimo y sobre sus habilidades sociales o de interacción; (d) suele estar profundamente marcada por la influencia de la conducta familiar y de los iguales con respecto al consumo de sustancias. Aquellos jóvenes cuyos padres o amigos más cercanos son consumidores de tabaco, alcohol u otras drogas se iniciarán en la experimentación de las mismas más rápidamente que otros de sus compañeros al estimar que este tipo de conductas puede ser normal y, (e) por lo general, no suele ocasionar consecuencias importantes, pero sí puede señalar el paso hacia fases posteriores más graves.

Fase 2: *Consumo abusivo temprano.* Este tipo de consumo suele estar caracterizado por la búsqueda reiterada por parte del adolescente de la consecución y mantenimiento de aquellos cambios importantes en su estado de ánimo o en su desenvolvimiento social (estimados de una forma positiva), que ha experimentado en una primera fase de acercamiento a las drogas. Suele definirse por los siguientes parámetros: (a) el establecimiento de un consumo regular focalizado, habitualmente, en los fines de semana y fiestas; (b) el aumento de la tolerancia y el consumo de otras drogas como sustancias alcohólicas de mayor graduación, estimulantes, alucinógenos y cocaína; (c) normalmente, el joven suele justificar el consumo bien para lograr el alivio de sentimientos negativos o bien para prepararse para algún acontecimiento social importante (ej., fiesta, interacciones con amigos o adolescentes del sexo opuesto) y, (d) suele ocasionar consecuencias más importantes como, por ejemplo, problemas académicos, absentismo escolar, cambios importantes en el estado de ánimo y reducción del círculo social, quedando restringido a amigos consumidores.

Fase 3: *Abuso.*

Esta fase se caracteriza por un cambio importante en el comportamiento del joven que suele girar en torno a la droga y a los efectos perseguidos. Se define en función de las siguientes señales: (a) el joven dedica gran parte de su tiempo a pensar y preparar el consumo de sustancias que, en este momento, realiza tanto los fines de semana como a diario; (b) el núcleo de amistades se ha reducido a amigos o conocidos consumidores y sus actividades giran también en torno al consumo; (c) la tolerancia sigue aumentando y el adolescente se preocupa por estar bien suministrado en todo momento y comienza el consumo en solitario; (d) surgen problemas importantes con la familia y, (e) en general, las consecuencias suelen ser más serias y especialmente llamativas para el entorno del joven (ej., robos, lesiones físicas, pérdidas de consciencia, sobredosis, deterioro importante de la higiene personal, problemas legales).

Fase 4: *Adicción*.

Es la fase final del proceso en donde se consolida una etapa de deterioro grave en la que el joven adolescente se encuentra inmerso en el proceso adictivo de la misma forma que el adulto. Las características más relevantes de esta etapa son: (a) el joven hace un uso compulsivo y recurrente de las drogas a diario; (b) necesita los efectos provocados por el consumo para sentirse plenamente normal y sigue consumiendo a pesar del deterioro personal, familiar o social; (c) se realiza un policonsumo en el que se hace uso de varias sustancias a la vez, permaneciendo bajo sus efectos incluso durante varios días y, (d) las consecuencias del abuso de drogas suelen ser muy graves, tanto para el propio joven como para los que le rodean. En este sentido, se puede hablar, por ejemplo, de la realización de actos criminales, el tráfico de drogas, presencia de síntomas de abstinencia y/o intentos suicidas.

Notas y dimensiones del problema.

La Organización de Naciones Unidas (ONU) estima que unos 230 millones de personas, que equivale a un 5% de la población adulta a nivel mundial, consumieron alguna droga ilícita por lo menos una vez en 2010, mientras que en México en 2008 el índice para la población de 12 a 65 años, en el año previo al levantamiento de los datos fue de 1.6%, lo que ubica a México en el contexto internacional como uno de los países con bajo nivel de consumo, pero que, a su vez, reporta incremento del problema si se analizan las tendencias nacionales más recientes.

En este contexto, los resultados de distintos estudios

epidemiológicos y sociales llevados a cabo entre 2002 y 2008 en el país, muestran que el consumo de drogas médicas con uso fuera de prescripción se mantuvo estable. En cuanto a la mariguana, se ha incrementado su uso y sigue siendo la principal droga de consumo, aunque proporcionalmente no fue la que más aumentó en este mismo periodo. Mientras que los inhalables han tenido el crecimiento más pronunciado en la zona del Bajío.

La prevalencia de consumo de cualquier droga alguna vez en la vida a nivel nacional creció significativamente entre 2002 y 2011 al pasar de 5.0% a 7.8%, mientras que el consumo de cualquier droga ilegal incrementó de 4.1% a 7.2%. Por sexo, en los hombres el consumo de cualquier droga pasó de 8.6% a 13% y de drogas ilegales de 8.0% a 12.5%. En las mujeres, la primera aumentó de 2.1% a 3.0% y la segunda de 1.0% a 2.3%. Las drogas de preferencia continúan siendo la mariguana (6.5%) y la cocaína (3.6%).

A nivel regional el consumo de cualquier droga creció significativamente en la Occidental (5.5% a 10.3%), Nororiental (5.5% a 10.3%), Norcentral (7.5% a 9.2%)

y Centro Sur (4.2% a 7.5%). En cuanto a las drogas ilegales, también se encuentra un incremento estadísticamente significativo en estas regiones, sin embargo el crecimiento fue proporcionalmente mayor en la región Centro Sur, al pasar de 3.5% a 6.8%. Cuando se observa la información sobre el consumo del tabaco, se percibe una ligera disminución en la prevalencia de su consumo. Aquí, la Encuesta Nacional de Adicciones de 2008, y otros estudios en población escolar de secundarias (7° a 9° grado), muestran esta tendencia de manera uniforme.

También se encuentra que la proporción de estudiantes que se han iniciado a los 12 años o antes se ha mantenido constante en este patrón de consumo (Villatoro et al., 2009).

En cuanto al consumo de alcohol, la situación es distinta, tanto para la prevalencia como para la proporción de personas que inicia temprano se han reportado incrementos importantes en todo el país. El abuso de alcohol se mantiene constante y es similar entre hombres y mujeres.

Las drogas médicas con uso fuera de prescripción y las drogas ilegales muestran un incremento general.

De manera específica, en el caso de la Encuesta Nacional de Adicciones (ENA) 2008, las drogas médicas se mantienen estables, incluso en la frontera, aun cuando reportes de Estados Unidos señalan que se ha incrementado el consumo en la zona de la frontera de este país con México. De la misma forma, en los estudios en población escolar y con población usuaria que asiste a servicios de tratamiento, no se encuentra un incremento en las prevalencias de consumo.

En cuanto a la mariguana, los datos de diferentes estudios indican sigue siendo la principal droga de consumo, el cual se ha incrementado, aunque proporcionalmente no es la que más ha aumentado. En ese sentido, el incremento más pronunciado es el de los inhalables, especialmente entre la población escolar de secundaria (Villatoro et al., 2010), aumento que se da tanto en hombres como en mujeres. Información similar se encontró en la ENA 2008, que muestra un aumento en el consumo de inhalables en las mujeres, lo cual cambia el perfil de la población que está consumiendo esta sustancia y emite una alerta importante.

Sobre la cocaína, los datos de Naciones Unidas (ONU) indican una importante disminución en la oferta de esta sustancia, ya que las incautaciones se han incrementado. Los datos de la ENA 2008 señalan que se ha duplicado el consumo de esta droga entre 2002 y 2008, pero al parecer desde 2005-2006 se ha mantenido estable el consumo, por lo que reporta el Sistema de Vigilancia Epidemiológica de las Adicciones (SISVEA) y las encuestas en población escolar.

Aún con ello, el crack y la cocaína tienen una fuerte presencia entre los usuarios de la frontera noreste, donde ha llegado a ser la principal droga de impacto en la población que asiste a atenderse por su consumo de drogas, tanto en Tamaulipas como en Nuevo León (Secretaría de Salud, Dirección General de Epidemiología, 2009).

El monitoreo del consumo de metanfetaminas ha sido constante, dada su alta producción y su traslado a

California y Arizona, que son los principales lugares de consumo.

Los datos señalan que en la población general el consumo particular de cristal sigue siendo bajo, aun en los estados del Pacífico. Solo en el caso de la población que acude a los centros de servicio para usuarios de drogas, se encuentra un alto consumo de metanfetaminas como droga de impacto, especialmente en Baja California y Sonora. En México, en general, el consumo de esta sustancia se presenta más como segunda o tercera droga, que como droga de inicio. Sus efectos más inmediatos en la salud de los usuarios conllevan a una búsqueda de atención del problema más rápidamente.

Finalmente, el consumo de heroína y alucinógenos es bajo. Especialmente, en el caso de la heroína, una cantidad considerable de la población ya afectada por su consumo se encuentra fuera de su casa o del ámbito escolar, y por ello sólo es detectada en los servicios de atención a usuarios. El estado que muestra un mayor índice de consumo de esta droga sigue siendo Chihuahua, conforme la ENA 2008 y los registros del SISVEA.

En cuanto al consumo de drogas en general, el comportamiento no es igual en todo el país. Ha habido un mayor crecimiento proporcional en las regiones Sur y Centro del país. Los datos indican que en Quintana Roo, particularmente en Cancún y Playa del Carmen, el consumo de drogas se ha incrementado notablemente, y los datos de la ENA 2008 muestran a los estados de Tamaulipas y Guanajuato con los índices de consumo más altos.

El consumo de tabaco y alcohol entre hombres y mujeres en edad escolar tiene ya varios años de ser similar, y la brecha se sigue acortando. Actualmente los datos apuntan a que está sucediendo lo mismo con el consumo de drogas ilegales.

Interpretación y significado.

¿Y qué es lo que esta lluvia de datos nos dice sobre lo que ocurre en nuestras comunidades y en nuestras familias? ¿Qué consecuencias se observan hoy de esta explosión de las adicciones en el país? ¿Cómo se afecta la vida escolar? ¿Qué impacto hay en nuestras familias en su estilo de vida y cómo se impacta el tejido social en general?

Entendemos el significado del malestar social en las calles, en las familias y en las escuelas, como manifestaciones de un tejido social que a lo largo del país se encuentra severamente dañado, unas veces por la ola de delincuencia y las adicciones que se observan en los barrios, al exterior de las escuelas y en las colonias en zonas donde se observan cotidianamente escenas de personas drogándose en las calles, o a los "puchadores" que trafican la droga en las inmediaciones de escuela; otras veces por la pobreza extrema que impide el mantenimiento adecuado de instalaciones y profesores en las escuelas, factor que añade algo más al proceso de deterioro de la autoestima de nuestros estudiantes, y otras veces más por circunstancias al interior de las propias escuelas y que tienen que ver con afecciones que provienen de hogares rotos o en conflicto.

Y por si el problema de las adicciones y los graves daños sociales que producen no fuera suficiente, ahora se intenta un recurso que anule cualquier esfuerzo de defensa y nos referimos a la "legalización" de la mariguana. Esta iniciativa para que sea legalizada esta droga, encuentra su origen, muchas veces oculto, en los organismos internacionales que bajo la bandera de la salud social, y la disminución de la delincuencia por estos delitos, aconsejan este abordaje legislativo que no solo despenalice al consumo de la mariguana, sino que elimine cualquier connotación de la droga como algo ilícito o contrario a la Ley. Tal es el contexto socio-político que observamos en el expediente de la legalización de la mariguana, como lo fue hace unos años, la iniciativa de los matrimonios entre gays, ahora bajo el eufemismo de "sociedades de convivencia".

No hay que olvidar que el consumo abusivo de la mariguana es un vicio, no una virtud, y como tal una práctica socialmente observada como inmoral y degradante para la persona. ¿Cómo entonces se justifica la pretensión de convertir a este vicio en una conducta virtuosa, sin alterar la verdad de los hechos y la esencia misma de la conducta? Es que por el simple hecho de haber sido declarado por Ley que el consumo de la mariguana no es una conducta "ilegal", ¿deja por eso de ser un vicio en la persona, o sus daños en la salud de las personas y en las familias y comunidades también desaparecen por arte de magia como efecto de su "legalización"?

Es imperativo, pues, que sea la sociedad misma, la que emprenda las acciones necesarias para proteger a los suyos, e iniciar un programa extraordinario de blindaje las escuelas, y en el que, en trabajo conjunto de la sociedad civil y autoridades e instituciones, se apliquen formas efectivas para proteger a los jóvenes adolescentes de este mal terrible que son las adicciones que nos aqueja a todos, pues son las escuelas y las familias, ejes centrales en nuestra supervivencia como nación.

Capítulo 2

LAS ADICCIONES EN LAS ESCUELAS

Tendencias en el consumo de drogas en centros educativos

¿ Qué ocurre con las adicciones en las escuelas? ¿Cuál es el panorama epidemiológico del consumo de drogas en estos espacios a donde acuden cotidianamente miles de jóvenes adolescentes en el país? ¿Qué daños se perciben como efecto del consumo en los mismos estudiantes, en sus relaciones como compañeros, en sus familias, en las propias instituciones educativas?

Atendiendo a lo que dicen los indicadores nacionales, el consumo de drogas se ha incrementado en el país durante los últimos años (Secretaría de Salud y Asistencia 2004, 2008; Instituto Nacional de Estadística, Geografía e Informática, 2002; Secretaría de Educación Pública, 2007).

De las informaciones que proporciona la Secretaría de Salud en sus esfuerzos por ofrecer una panorama general de las adicciones en la población estudiantil (2012), se desprenden algunos datos de interés que nos permiten establecer las siguientes observaciones para nuestro propósito.

1º Las adicciones continúan siendo un problema de salud importante en los centros educativos del país, particularmente en los niveles de enseñanza media y media superior.

2º Los consumos de drogas en estos centros educativos se acompañan de desórdenes de la conducta en el orden personal y social, y se manifiestan en hechos antisociales y desequilibrios en la salud mental, que van desde el inicio sexual temprano y embarazos no deseados, hasta intentos de suicidios.

3º El fenómeno de las adicciones en las escuelas crece conforme pasa el tiempo y las acciones emprendidas para detenerlas se muestran insuficientes para su contención, pues conforme se avanza en los diversos grados y niveles escolares, las adicciones igualmente avanzan y se multiplican.

4º Los consumos de drogas se incrementan

particularmente en el tránsito del nivel medio superior al nivel superior y se centran en el consumo de alcohol.

5º La mariguana es la droga de mayor uso y su consumo experimental afecta a uno de cada tres estudiantes universitarios.

6º Los consumos se duplican al paso de la secundaria a la preparatoria e igualmente en el tránsito de la preparatoria a la universidad.

Un muestreo de más de 42 mil estudiantes de los niveles medio superior y superior en la Ciudad de México y parte de la zona Metropolitana, que se cita en el documento (2012; 25), identifica los siguientes detalles adicionales sobre el consumo de substancias entre los estudiantes.

a. Entre los 13 y 14 años los adolescentes manifiestan conductas antisociales, incluido el abuso sexual, se inician en el consumo de tabaco y alcohol, muestran intentos de suicidio y consumen inhalables.

b. Hacia los 15 y los 16 años, los adolescentes se inician en las relaciones sexuales y el consumo de mariguana y de cocaína, aunque en las mujeres esta última aparece hacia los 18 años.

c. En el nivel medio superior, cuando los jóvenes adolescentes andan entre los 15 y 16 años, en su mayoría ya se han iniciado en el consumo de inhalables, tabaco y alcohol, y se encuentran en tránsito hacia su inicio en la vida sexual.

Se sabe en general que el consumo de drogas y alcohol entre los estudiantes universitarios es considerablemente alto en relación con otros estratos poblacionales (Castro, Llanes y Macías, 2002), y que este consumo se asocia a un bajo rendimiento académico, depresión y suicidio (cfr. Castro, Pérez, De la Serna y Rojas, 1989). Estos dos hechos por si solo bastan para entender porque es importante la consideración de este problema en las instituciones educativas del país.

Para las universidades privadas, el problema se agudiza. De un estudio desarrollado en universidades privadas de dos ciudades en años recientes (Ariel

Alcántara Euguren et al, 2011), se desprende no solo que los consumos de drogas en estas instituciones son semejantes a los que se observan en las instituciones públicas, sino que en ellas aparecen consumos no moderados de substancias como el alcohol, en donde llega a observarse que "tres cuartas partes de los alumnos reportan haber consumido alcohol en los últimos 30 días y más de la tercera parte de ese consumo terminó en una intoxicación, es decir, más de la mitad tuvo ese resultado".

Cifras de las adicciones en centros educativos.

Sobre la magnitud del consumo de drogas en el nivel medio y superior se citan datos de la encuesta probabilística desarrollada en una universidad pública del país por Villatoro y otros, de la cual se desprenden las siguientes observaciones.

1° El abuso de alcohol (consumir cinco o más copas en una sola ocasión durante el mes previo al estudio) cambia del 34.4% al 54.4% de bachillerato a universidad en los hombres, es decir, se incrementa un 20%; en tanto que en las mujeres el cambio es de 27.3% a 36.4%, es decir, se da en menor proporción tanto en consumo como en el cambio en el nivel educativo. El punto central del dato es que de 3 a 3.5 de cada 10 mujeres están abusando del alcohol; en los hombres la proporción es de 3.5 a 5.5 por cada 10, lo que representa una cifra elevada.

2° El consumo de tabaco también es alto; en los hombres se da una prevalencia 14.8% mayor en los universitarios y en las mujeres el incremento es de 12.2%. En ambos casos es una cifra elevada de consumo, aunque esta disminuye cuando se toma en cuenta el consumo diario.

3° Por lo que respecta al consumo alguna vez de drogas ilegales y médicas, se tienen prevalencias menores pero importantes.

En el nivel medio superior, el consumo de los hombres es de 23.2% y sube a 39.5% en nivel superior; en tanto que en las mujeres el cambio es de 18.1% a 25.3%. Al observar el consumo en el último mes las cifras bajan considerablemente.

Así, en los hombres el consumo de cualquier droga va de 7.9% a 8.8% y en las mujeres va de 5.1% a 5.2%. Como se observa, el consumo reciente se mantiene constante en el tránsito del nivel medio al superior en esta población.

4° De manera específica para el consumo de drogas ilegales (mariguana, cocaína, alucinógenos, metanfetaminas, heroína e inhalables), se observa que cambia de 20.7% en nivel medio superior a 37.4% en el nivel superior; en cambio es proporcionalmente igual en las mujeres, donde pasa de un 13.7% de nivel medio superior al 21.1% en el superior.

5° En cuanto al consumo de mariguana, en los hombres se duplica en el tránsito del nivel medio superior (17.6%) al nivel superior (34.7%), situación casi idéntica en las mujeres (cambia de 11.3% a 19.7%), aunque con menor prevalencia.

6° Para el consumo de cocaína, en los hombres el cambio es de 4.5% a 10.1% y en las mujeres es de 2.8% a 3.8%. Situaciones similares ocurren con el consumo de alucinógenos y metanfetaminas. Únicamente en el caso del consumo de inhalables es donde se registra una reducción del nivel medio superior al nivel superior, especialmente en las mujeres.

Analizando el consumo en el último mes de drogas ilegales, el cambio en los hombres es de 7.1% a 7.9% y en mujeres es de 3.9% a 4.2%, que son variaciones menores a lo que ocurre con el consumo alguna vez.

7° Cuando se analiza de manera particular el consumo de drogas médicas, vemos que resulta menor al consumo de drogas ilegales. También se ven incrementos del nivel medio superior al nivel superior, de manera que en los hombres el consumo pasa del 6.4% al 8.2% en los hombres y de 7.7% a 8.1% en las mujeres. Para ambos sexos, la droga médica de mayor consumo son los tranquilizantes y seguido del consumo de anfetaminas.

8° Para el consumo de cualquier droga médica en el último mes, en los hombres cambia de 1.4% a 1.6% y en las mujeres de 1.7% a 1.4%.

Un ejercicio reciente que permite tener una idea actual del fenómeno de las adicciones en las universidades, es la Encuesta Nacional Universitaria sobre la Violencia, las Drogas y el Delito (2013), que muestra entre otros los siguientes datos interesantes:

- La mitad de los **estudiantes universitarios** han tenido acceso a algún tipo de droga durante lo que va de 2013.
- Las drogas de más fácil acceso son el alcohol, la mariguana, la cocaína, las metanfetaminas y la heroína.
- Además, ocho de cada 10 alumnos conocen a alguien que regularmente consume algún tipo de estupefaciente y sólo 63.54% se siente seguro de asistir a su escuela.

La encuesta fue aplicada a mil 500 estudiantes, catedráticos, investigadores y directivos o rectores de 80 instituciones de educación superior, 70% privadas y el resto públicas, entre el 30 de octubre al 10 de noviembre del 2013.

En cuanto a la incidencia de la droga con el delito, los datos de la encuesta señalan que 70% ha sido víctima de algún tipo de violencia y 76% ha sido víctima o ha tenido conocimiento de algún delito.

[Los entrevistados refieren que los delitos más frecuentes son asaltos en las calles, extorsión y robo de vehículo, y que las situaciones de riesgo en los alrededores de las instituciones educativas son, en primer lugar, el consumo de alcohol en la calle, seguido por robos y asaltos frecuentes, consumo de drogas, venta de productos pirata y de droga, pandillerismo o bandas violentas, extorsiones, riñas entre vecinos, secuestros y disparos frecuentes.]

Los lugares donde suceden los delitos son, por orden de mayor mención, en la calle, seguido de la casa, lugar público, negocio o establecimiento, transporte público y en la escuela.

Los resultados muestran una participación de 30% de mujeres en la comisión de esos delitos contra los integrantes de las comunidades universitarias, y el resto hombres.

No obstante, se informa que 53% no reporta el delito ante una autoridad por miedo, desconfianza o apatía. Y quienes sí lo concretan lo hicieron ante un Ministerio Público, el Ejército y Marina, la Policía y la Procuraduría General de la República (PGR).

Durante la presentación de los resultados, **Arturo Mattiello Canales**, presidente de la asociación, reconoció que el fenómeno de la delincuencia común y el crimen organizado, aunado a las crisis económicas, son problemas que se viven de distintas formas en los estados del país, pero advirtió que siempre alcanzan a los estudiantes de nivel superior. "Hay un problema social. Observamos cómo la sociedad mexicana se desmorona y tenemos un problema familiar, donde hay un resquebrajamiento, lo que aunado a la situación económica nos deja un escenario poco halagador a merced del crimen organizado".

Explicaciones tentativas

Las adicciones son enfermedades complejas y dada su naturaleza bio-psico-social, es en estos tres órdenes de fenómenos, donde se ubican las diversas causas de las adicciones y cuya compleja interacción generan el desorden adictivo.

De acuerdo a los especialistas, su etiología es no lineal, multifactorial y sistémica, esto significa que no hay una simple causa que genere la enfermedad, sino que son diversas las variables que intervienen, que se influyen entre sí y eso hace difícil y complejo su seguimiento y control. No se trata pues de una simple relación causa-efecto.

Bajo este esquema, se entiende que las adicciones son resultado de combinaciones múltiples entre fenómenos de orden biológico, genético, psicológico y de personalidad, socio-cultural y familiar, que se unen en una interacción multisistémica que lleva a producir primero la predisposición y luego con la exposición al factor desencadenante, que podría ser: sustancias psicotrópicas, juego, sexo, relaciones, comida, etc.; se evoluciona hacia la consolidación del proceso patológico llamado adicción.

Una presentación sencilla de estos factores y su predisposición a la conducta de consumo, es el cuadro descriptivo de las variables de riesgo elaborado por la Secretaría de Salud (SEP/Salud 2008).

Variable	Descripción
Curiosidad	Necesidad de experimentar nuevas sensaciones
Identificación	Deseo de mostrarse "valiente" o "seguro de sí mismo" al igual de quienes las consumen
Pertenencia	Deseo de pertenecer en donde se considera valiente a quien consume sustancias y que sólo con esa condición se acepta a un nuevo miembro
Rebeldía	Deseo de oponerse al orden establecido y manifestar su desacuerdo con la autoridad, o, para "vengarse" o "desquitarse" de sus padres
Inseguridad	Mostrarse a sí mismos, o a otros, como alguien valiente
Ansiedad	Buscar una alternativa para disminuir la angustia, pues algunas sustancias actúan inicialmente como tranquilizantes
Placer	Experimentar nuevas sensaciones placenteras, sobre todo con la sexualidad
Evasión	Querer escapar de la realidad porque no se tiene la capacidad y la fortaleza para enfrentar los problemas de la vida cotidiana
Timidez	Ante la dificultad para relacionarse con los demás, el consumo de sustancias le da la falsa sensación de ser muy sociable
Fantasía	Creer que al consumirlas será más fácil encontrar su identidad y su camino en la vida
Baja inteligencia	Incapacidad de reflexionar, distinguir y decidir entre lo que es sano y lo que daña la salud, entre lo que conviene y lo que afecta negativamente
Cobardía	Cuando se consume alguna sustancia para darse el valor de hacer algo

Maticemos un poco estas conceptualizaciones a fin de ganar claridad en su entendimiento:

1. Problemas familiares. Los adolescentes al vivir una etapa de crisis y al tratar de evadir los problemas, buscan salidas fáciles o formas de olvidarlos, por ejemplo por medio del alcohol y las drogas.

Muchas veces las adicciones surgen por problemas dentro de la familia (incomprensión, falta de comunicación, golpes, maltrato intrafamiliar, rechazo, padrastros, abandono, falta de recursos económicos, dificultades escolares, pobreza absoluta y desamor), al sentir que no son queridos en los hogares, los adolescentes tienen la impresión de no ser escuchados o tomados en cuenta.

Caen en un error al tratar de solucionar los conflictos por medio de las drogas, creyendo que sólo van a ingerir una vez la sustancia, pero en realidad se genera la costumbre o la adicción, esto ocasiona que los problemas familiares aumenten, ya que la droga consumida es más fuerte, y al no querer o poder dejarla, a veces los adolescentes optan por abandonar el hogar, convirtiéndose en niños de la calle, en la que se exponen a riesgos de gran magnitud como contraer enfermedades, ser golpeados, soportar abusos, explotación, hambre y abandono. El tiempo que persista el efecto de la droga en su organismo, es equivalente al del abandono de sus problemas, después, todo vuelve a la realidad, las situaciones preocupantes siguen ahí e incluso aumentan por la adicción generada.

2. Influencias sociales. También recurren a las drogas cuando se presentan problemas en su alrededor. Por ejemplo: Al no ser aceptado por los amigos o una condición para ingresar a cierto grupo es el ingerir droga, ser como ellos, imitarlos, hacerles creer que "los viajes" son lo máximo, o lo peor, caer en la influencia social. Los adictos pueden hacer los comentarios que quieran sobre la persona que no está dispuesta a entrar en las drogas; los adolescentes deben ser muy conscientes de sí

mismos y mantener su postura de rechazo a la droga.

Los jóvenes que no quieren consumir la sustancia, deben saber cuidarse de las amistades que manifiestan insistencia, pues su obsesión puede ser tan grande que estarán buscando el momento adecuado para inducirlos, por ejemplo, pueden disolver la droga en su bebida o en sus alimentos. Éstos esperarán el momento en que haga efecto la droga para poder dañarlos. Nunca deben aceptar estas cosas por parte de personas adictas y lo más conveniente es alejarse de ese tipo de grupos, que suelen llamarse "amigos".

Ser problemático puede ser causa de la influencia de los compañeros, como hacerlos caer en la delincuencia. Ya que los robos que son realizados por adictos, no son primordialmente por cuestiones de hambre, sino por la necesidad de seguir drogándose. Esto ocasiona tener problemas con las autoridades y posteriormente ser sometidos a las cárceles.

Cuando los adictos aún están es sus casas, presentan depresión y aislamiento mental, lo que provoca bajo rendimiento o ausentismo escolar y mala comunicación familiar.

3. Curiosidad. En ocasiones los jóvenes con una curiosidad insana, por observar que algunos adolescentes de su edad imitan el acto de probar y sentir el uso de cualquier droga. Además algunas drogas como los inhalantes, son de fácil acceso para ellos, son autorizadas y vendidas a bajo costo en cualquier abastecimiento, lo que ocasiona ventaja de consumo.

Al aceptar el organismo la tranquilidad y relajación del efecto de la droga, ocasiona que éste exija el consumo nuevamente, pero con la misma dosis ya resulta insuficiente, lo que hace aumentar cada vez más la cantidad para sentir los mismos efectos, dando paso a la adicción. Algunos jóvenes que experimentan el sentir de bienestar o el simple hecho de "andar en un viaje" y que al consumir la droga su organismo los rechaza de una forma brusca, por lo general éstas personas no vuelven a intentarlo.

4. Problemas emocionales. Cuando surgen los problemas en la vida de algunos adolescentes (regaños, golpes, desconfianza, incomprensión, conflictos económicos en la familia, padres adictos o divorciados, dificultad de aprendizaje escolar, etc.), reflejan una gran depresión emocional, en la que pueden sentirse llenos de rencor, ira y vergüenza, por el comportamiento de los padres, amigos o conocidos. Estos jóvenes buscan la manera de que no les afecte gravemente en su estado emocional y utilizan una forma de salir de ellos con ayuda de una adición.

Los problemas generalmente ocasionan en los adolescentes depresión, sentimiento de culpa, autoestima baja, evasión de la realidad, desamparo y prepotencia, ellos piensan que son los causantes del daño y posteriormente con el uso de las drogas (incluyendo alcohol y tabaco) creen librarse de las dificultades, aunque no siempre recurren a las drogas, sino también se presenta en otro tipo de adicciones como: comer demasiado, pasar mucho tiempo en los videojuegos o en el face, escuchar música, jugar y apostar, bailar y ver la televisión, entre otros.

5. Presiones de la vida. Algunos recurren a las drogas como una forma de adaptarse a las presiones de la vida, el estrés y los problemas. Razones comunes para esto son problemas familiares, escuela y relaciones. Pensaron en las drogas como una forma de escapar pero sus cerebros sólo están siendo controlados por la drogas. Quieren contenerse en un mundo sintiéndose bien, relajados y tener un mundo imaginario y temporal.

6. Presión grupal. Para poder encajar en cierto ambiente o situación social, puede ser tentador, ser como cualquier otra persona de ese grupo. Si se piensa que la presión grupal es sólo aplicable para los niños y jóvenes en las escuelas, se está equivocado.

La presión del grupo le puede pasar a cualquiera en cualquier edad. Incluso los adultos se encuentran con presión del grupo en su trabajo, su nuevo vecindario y nuevas clases sociales.

Sin embargo, los adolescentes son más susceptibles a la presión grupal por la curiosidad, la exploración y la búsqueda de su propia identidad. De la misma forma los adolescentes ceden ante la presión grupal, como parte de probar su independencia hasta el punto de rebelarse contra sus padres.

7. Acceso fácil. Al tener un acceso fácil para comprar y consumir drogas, los individuos son más propensos a conseguir lo que quieran cuando así lo deseen. Las drogas pueden ser compradas en las calles, con un amigo, compañero, colega, vecino, y hasta en la farmacia más cercana.

Las finanzas del narcotráfico.

La facilidad con que se comercializa la droga en los mercados urbanos, negros y blancos, formales e informales, exige una cuidadosa reflexión sobre el significado de este fenómeno en el contexto financiero y geopolítico en el mundo.

"El comercio de artículos y servicios ilegales se ha convertido en la segunda mayor economía del planeta, solo por detrás de Estados Unidos. Sólo los cinco mayores mercados ilegales del planeta mueven casi 475.000 millones de euros al año, una cantidad superior al PIB de más de 170 países y territorios" (Roberto Arnaz, 2013).

Según esta fuente, la lista negra de esta economía al margen de la ley, que da trabajo a decenas de millones de personas, la encabeza el tráfico de droga. Basándose en los datos aportados por organizaciones internacionales como el Banco Mundial o la ONU, la revista 'The Economist' apunta que el mercado mundial del narcotráfico genera 240.000 millones de euros anuales.

Para Jorge Torres (2014), las ganancias de las grandes bandas internacionales del narcotráfico, suman junto a ganancias de negocios ilícitos como el tráfico de armas, vehículos, de personas y de blancas, suman según estimaciones conservadoras una cifra superior a los US $ 800 millones de dólares.

Dos son los grupos que se benefician de las ganancias del narcotráfico: las mafias de los países consumidores, especialmente en los países desarrollados, y los intermediarios legales que aportan la ayuda indirecta a los traficantes, abogados, consejeros, financieros, banqueros, empresas proveedoras de productos químicos y medios logísticos, políticos y burócratas corruptos.

Pero hay algo importante en esta cadena de comercialización de la droga. Que para el blanqueo de capitales, es decir, volverlo limpio al lograr confundirlo en negocios y empresas fantasmas, se requiere forzosamente de la estructura financiera que haga posible esa conversión del dinero ilícito en dinero limpio.

Este proceso supone tres etapas: La del prelavado, que consiste en introducir dinero líquido en la maquinaria económica y financiera, la del lavado, que es el mecanismo que encubre el origen de los fondos, y la del reciclado, que representan las diversas series de operaciones que permiten mover el dinero en el esquema financiero. Y en este contexto, lo grandes trusts financieros internacionales son los que mejor realizan esta oscura tarea. Porque para llevar a cabo el proceso de lavado del dinero ilícito que proviene del narcotráfico, es necesario contar con un sistema financiero y bancario dispuesto a reciclar el dinero de las organizaciones criminales. Sistema que desde los años setenta se ha mostrado dispuesto y complaciente por medio de los paraísos fiscales regados en todo el mundo. Y así, desde Basilea, en Suiza, donde se encuentra el poco conocido gobierno de las finanzas internacionales, y a cuyas regulaciones todos los bancos se someten, la estructura financiera a su servicio juega un importante rol en este proceso de lavado de dinero del narcotráfico.

Para Jean de Maillar (2002), jurista francés estudioso de la banca internacional y los paraísos fiscales, las grandes organizaciones criminales, aprovechando las comunicaciones por satélite y las redes informáticas logran hacer circular el dinero sucio del narcotráfico en la estructura financiera global, en donde no existen leyes ni fronteras que los detenga. Así, el dinero negro se acumula en paraísos fiscales que la misma delincuencia económica y financiera de alto nivel de alto nivel propicia, evadiendo el control de los Estados y aportando el capital que los mercados financieros necesitan. Cuanto más abundantes sean estos capitales, menos peligro corren de ser descubiertos. No existen medios para detectarlos. Ni la política de los Estados, ni el equilibrio financiero mundial están a salvo de los múltiples peligros que conlleva esta situación.

Capítulo 3

ESTRATEGIAS Y PROGRAMAS

Propósitos y logros en la lucha contra las adicciones en las escuelas

Hasta la segunda mitad del siglo XX, el papel de la escuela ante el problema de las adicciones era inexistente. Las únicas referencias del consumo de alcohol en los niños en ese entonces era el popular poema "Por qué me quité del vicio", escrito en los años 40´s, sin embargo, el crecimiento tan dramático que tuvieron las adicciones en los adolescentes, en años posteriores, y cuya iniciación se produjo durante su niñez, llevó con premura a buscar la contribución de la escuela para enfrentar una cuestión cuya gravedad fue creciendo.

Se ensayaron así programas y técnicas diversas, sin alcanzar los resultados esperados, de manera que, en el campo de la pedagogía de la prevención, muchas dudas quedaron pendientes.

La literatura especializada detalla el complejo panorama de enfoques, métodos y programas utilizados en estos esfuerzos, y que muestran la gran variedad de alternativas utilizadas, y que van desde los enfoques tradicionales que descansan en la educación informativa, la educación afectiva y el fomento de las actividades alternativas hasta los enfoques psicosociales que descansan en el entrenamiento de habilidades como la inoculación psicológica, la asertividad y las habilidades cognitivo-conductuales.

A menudo las iniciativas puestas en marcha pecaron de ingenuas frente al poder de captación que desarrollaron los productores de bebidas alcohólicas o de cigarrillos, o ante la facilidad con que quienes expenden estos productos burlan las normas vigentes que prohíben su venta a menores, más aun si se considera el mercadeo informal de las substancias que realizan las organizaciones criminales al amparo de las mismas autoridades.

Los resultados desalentadores de aquellos primeros programas escolares mostraron la necesidad de buscar otras formas más ajustadas a la realidad, que permitieran a los menores ganar en autonomía para saber discriminar entre lo bueno y lo malo que se les ofrece para consumir, y para elegir por sí mismos lo beneficioso y rechazar lo dañino.

Para avanzar hacia mejores logros, las propuestas se dirigieron a comprometer la dimensión afectiva de la personalidad. Eso llevó a percibir la necesidad de tomar en consideración el ámbito sociocultural con su tramado de valoraciones y el contexto de situaciones precisas en las cuales los menores participan. Sobre esa base se hizo más fluido definir actitudes modeladoras de la conducta, razón por la cual se hoy el eje de trabajo de la educación preventiva se canaliza a través de juegos de roles, debates, resolución de problemas dramatizados en cuadros breves y otros recursos.

En cuanto a las intervenciones preventivas, la literatura cita también una enorme variedad de métodos y enfoques. Así, los programas de intervención centradas en los factores de riesgo/protección para el abuso de substancias o los que hacen énfasis en los factores de protección versus factores de riesgo, los modelos preventivos del desarrollo social hasta los cambios de leyes y normas sociales con respecto al consumo y programas de actuación en la infancia temprana y en el entrenamiento en habilidades de competencia social, promoción del rendimiento académico y cambios en la organización de las escuelas.

Una observación en este punto, nos lleva a considerar la falsa sensación de que el problema adictivo en México se ha reducido, si simplemente se atiende al fenómeno de estabilización que se observa en el consumo de drogas legales como el alcohol y el tabaco en los últimos años. No obstante, dos tendencias recientes resultan altamente preocupantes, como son la temprana edad a la que la población en edad escolar se inicia en el uso de drogas y el creciente número de mujeres consumidoras que, en algunos casos, supera a los varones en el uso de sustancias en las que, de forma tradicional, el porcentaje de hombres era superior. A estos hechos hay que añadir el enorme coste económico, social y personal que este abuso conlleva y que justifica que este problema se haya convertido en el principal reto para la salud pública.

De hecho, las consecuencias de este uso/abuso de drogas se han agudizado tanto a nivel personal como social. Como es sabido, en cuanto al desarrollo del joven adulto, el abuso del alcohol y de las drogas debilita la motivación, interfiere en sus procesos cognitivos, contribuye a la aparición de trastornos del estado de ánimo e incrementa el riesgo de daños accidentales e, incluso, la muerte. En cuanto a la sociedad en general, el abuso por parte de los adolescentes supone costos elevados en el cuidado de la salud, el abandono de la educación, el aumento de tratamientos específicos en los servicios de salud mental y el aumento de la criminalidad juvenil.

Además de los costos personales y sociales inmediatos del uso/abuso de drogas en la adolescencia, existe otro gran rango de implicaciones para aquellos jóvenes que continúan con éste en la edad adulta. En todo caso, los problemas asociados con el abuso de sustancias pueden alcanzar costes importantes como son la destrucción de familias, el debilitamiento de los vínculos de unión de la sociedad del futuro, la pérdida de la productividad y la pérdida de la vida

Por ese motivo, en los últimos años desde las entidades más representativas a nivel local y nacional, se ha puesto mayor énfasis en el campo de la prevención, como alternativa más prometedora para evitar las consecuencias sociales y personales del consumo de los adolescentes que, en muchos casos, se mantiene en la edad adulta. Incluido dentro de los programas preventivos a niños y adolescentes, se encuentra el estudio de los factores de riesgo como herramienta útil para la determinación de los objetivos y la detección de los grupos de alto riesgo en lo que al uso de drogas se refiere y que precisan de intervenciones específicas.

Como consecuencia, los jóvenes con alto riesgo para el consumo pueden diferenciarse de los que no lo están por las características personales o las condiciones que influyen en la forma de guiar sus vidas. En este sentido, se han enumerado de forma genérica los siguientes factores de riesgo (Clayton, 1992):

- tener problemas económicos.

- ser hijos de padres con problemas de abuso de drogas.

- ser víctimas de abuso físico, sexual o psicológico.

- ser jóvenes sin hogar.

- ser jóvenes que abandonan la escuela.

- jóvenes embarazadas.

- jóvenes implicados en actos delictivos y/o violentos.

- jóvenes con problemas de salud mental.

-jóvenes que han intentado cometer suicidio.

Como se puede observar, algunos de estos factores se corresponden a condiciones externas al individuo que pueden incrementar la probabilidad del uso/abuso de drogas, a pesar de que cada una de ellas por sí sola es poco probable que determine el que una persona joven consuma drogas. Lo que sí es cierto es que la hacen más vulnerable y aumenta la posibilidad de que se vea expuesta y sea víctima de situaciones de riesgo. En este sentido, no resulta claro si algunos de estos factores son causa o consecuencia del uso/abuso posterior de drogas.

Diversos estudios han tratado de profundizar en esta circunstancia que ilustra dos características importantes en el estudio de los factores de riesgo y su relación con el abuso de drogas, como son la dirección entre ambos, algunas veces recíproca y otras veces claramente asimétrica; y el orden temporal, aspectos que, como se verá más adelante, no siempre son concluyentes.

2.4. Supuestos básicos

Un aspecto que no debemos olvidar en el estudio de los factores de riesgo implicados en la aparición y mantenimiento de determinadas conductas, en este caso del uso/abuso de drogas, es el carácter dinámico y cambiante de muchos de los aspectos a analizar y de las relaciones entre ellos mismos y las consecuencias que puede conllevar (consumo de sustancias). Así pues, no podremos indagar en los factores que predeterminan la conducta de forma aislada sin tener en cuenta la existencia de importantes relaciones de carácter dinámico y recíproco que se establecen entre sus propios componentes y, sobre todo, entre ellos mismos y el uso/abuso de drogas consecuente.

De forma resumida, los supuestos básicos que caracterizan la investigación sobre los factores de riesgo y el abuso de drogas son los siguientes:

(a) Un simple factor de riesgo puede tener múltiples resultados;

(b) Varios factores de riesgo o de protección pueden tener un impacto en un simple resultado;

(c) El abuso de drogas puede tener efectos importantes en los factores de riesgo y de protección;

(d) La relación entre los factores de riesgo y de protección entre sí y las transiciones en el abuso de drogas pueden estar influidas de manera significativa por las normas relacionadas con la edad.

Variables críticas en los centros escolares.

El medio escolar es, junto al hogar, el lugar donde transcurre la mayor parte de la vida del niño hasta la adolescencia, lo cual hace evidente que los distintos elementos que lo configuran sean susceptibles de generar expectativas, actitudes y conductas que tendrán una influencia determinante en su desarrollo posterior.

Son escasos los estudios que indagan la influencia del contexto educativo en el uso de drogas. No obstante, se han evaluado algunas de sus dimensiones específicas como el ausentismo escolar, la ausencia de motivación académica y de expectativas educativas y/o el rendimiento y el fracaso escolar.

De cualquier forma, el medio escolar es el agente de socialización implicado en proporcionar las recompensas que el joven necesita para tener una imagen adecuada de sí mismo y de su entorno. Desde esta perspectiva, las escuelas más exitosas respecto al binomio rendimiento/conducta social de los alumnos son aquéllas que basan su actividad en la participación, la responsabilidad, la cooperación y, sobre todo, en la aplicación adecuada de refuerzo, es decir, aquéllas que logran crear fuertes lazos de unión entre la institución y los jóvenes, disminuyendo así la implicación de los mismos en conductas o actividades desviadas.

Así, los resultados encontrados por Elliot, Huizinga y Ageton (1985), indican que la probabilidad de que los adolescentes se inicien en la ingestión de tóxicos y se relacionen con compañeros delincuentes es menor cuanto mayor es el vínculo con la familia y la escuela. De hecho, dado que las relaciones de apego y de unión con la familia y la escuela se desarrollan antes en el tiempo que la exposición al consumo de sustancias por parte de los amigos, es probable que el grado en el que los jóvenes se unan a los primeros constituya un factor clave para la posterior selección de iguales consumidores o no en la adolescencia temprana.

El estudio de los factores escolares lleva a entender que existe una influencia importante de estos factores escolares en el desarrollo de una vida saludable en los planteles educativos. Es posible hablar, por lo tanto, de una cierta influencia determinante de esta variables predictoras del fenómeno adictivo como el abandono escolar, grado de compromiso con la escuela, fracaso académico y/o el tipo y tamaño de la escuela. Todas ellas dimensiones que giran alrededor de los desafíos y experiencias que viven los adolescentes en las escuelas y que en general poco se piensa sobre su papel facilitador o preventivo del uso y abuso de drogas.

¿Qué se sabe en particular de estos "factores de riesgo" y su relación al fenómeno adictivo?

1. El abandono escolar.

La relación entre abandono escolar y consumo de drogas se entiende como un proceso interactivo, en el que el abandono incrementa el riesgo de abuso de drogas, y el abuso de drogas incrementa el riesgo, a su vez, de que se abandone la escuela. En este sentido, estudios demuestran que el uso previo de tabaco, la marihuana y otras drogas ilegales aumentan la probabilidad de abandono escolar y que, además, quienes abandonaban la escuela tenían una probabilidad mucho mayor de abusar de las drogas en un futuro próximo.

Además, se observa que cuanto más joven es la persona que se inicia en el consumo, aumenta la probabilidad del abandono de la escuela. Por otro lado, el hecho de abandonar la escuela se presenta como un importante factor de riesgo para el consumo de drogas posterior y que cuando el adolescente ve frustradas sus aspiraciones académicas por la imposición de límites a sus oportunidades educacionales, está en situación de riesgo para el consumo de drogas ilegales.

Otro aspecto que se ha intentado relacionar con el uso de drogas ha sido el ausentismo escolar, aunque sin resultados concluyentes. Algunos investigadores han encontrado alguna relación entre este fenómeno y el uso de la marihuana, y estudios más recientes han encontrado que faltar a clase sin justificación predice tanto el consumo de drogas legales y médicas como el consumo de drogas ilegales, teniendo la influencia de esta variable mayor peso incluso que otras variables familiares en el caso del abuso de drogas ilegales (Muñoz-Rivas y cols. 2000).

2. El compromiso con la escuela.

Se ha encontrado en estudios sobre el tema que un bajo nivel de interés o compromiso en los asuntos escolares se relaciona con el consumo de drogas y que los jóvenes que se habían sentido rechazados por sus profesores al comienzo de la adolescencia eran más propensos a consumir marihuana. Hay quienes llegan a concluir, a partir de estas experiencias, que es más probable que niños con bajos niveles de aprovechamiento escolar, malas relaciones con los profesores, o que van a disgusto al colegio, o que se interesan poco por los temas que estudian, lleguen a consumir tabaco y alcohol en el futuro.

3. El fracaso académico.

Con frecuencia se intenta establecer alguna relación causal de la adicción a las drogas con variables indirectas como la inteligencia. En este sentido, aunque existe una relación inversa entre la habilidad intelectual y la delincuencia una vez que se controla el estatus socioeconómico y la raza, no se ha encontrado una relación similar para el uso de drogas.

Algunos estudiosos concluyen que una alta puntuación en pruebas de inteligencia se encuentra asociada con altos niveles de uso de cocaína entre jóvenes adultos y que un pobre desempeño académico se relaciona con la adquisición de hábitos de consumo de sustancias en la temprana adolescencia y, además. que una ejecución brillante en la escuela reducía la probabilidad del uso de drogas.

4. Tipo y tamaño de la escuela.

De algunos estudios llevados a cabo sobre el peso de este factor en la conducta de consumo de drogas, se concluye que la mayor probabilidad de consumo de sustancias por parte de los alumnos se da en centros de gran tamaño, donde la socialización se torna más compleja y difícil y en donde hay más probabilidades de entrar en contacto con adictos.

Los programas de intervención en México.

El sector público destaca en la promoción de programas para combatir las adicciones en los planteles educativos, pues sus diversos programas han sido pioneros en el esfuerzo de proteger a los estudiantes de las adicciones y que exigió un viraje estratégico muy importante en la Secretaría de Salud en su conceptualización de la salud, pasando de un enfoque meramente curativo a un enfoque predominantemente preventivo.

Una de las primeras acciones emprendidas por los gobiernos en esta materia se dio en la educación básica a partir de la coordinación de los esfuerzos entre la Secretaría de Salud y la Secretaría de Educación Pública, que hizo posible el diseño en 2006 de los primeros intentos por establecer algunos lineamientos para prevenir las adicciones en las escuelas mexicanas, y dos años más tarde el diseño de una estrategia nacional para la prevención de las adicciones en las escuelas de educación básica.

Estas acciones fueron resultado de la coordinación de la CONADE (Comisión Nacional contra las Adicciones) y el Programa de Escuela Segura de la SEP (Secretaría de Educación Pública). El esfuerzo conjunto mantuvo como su propósito central el garantizar "que los alumnos convivan y aprendan en un ambiente escolar sano, seguro, confiable, libre de violencia y sin adicciones, donde el respeto a la dignidad y los derechos de las personas sea el principio rector de la convivencia y la organización escolar".

Un supuesto fundamental en esta estrategia se refiere a la concepción de la escuela, que es contemplada ya no como la burbuja aislada de toda influencia exterior o un simple espacio creado para la enseñanza, sino como espacios propicios para promover y proteger la salud de los estudiantes. En la concepción de la escuela burbuja, se piensa con ingenuidad que en el entorno no hay amenazas para sus alumnos y se convierten así los centros educativos en espacios cautivos de la droga, presas de los *pushers* que operan hasta en el mismo interior de la escuela.

En la segunda concepción, la de la escuela como espacio de propicio para promover y proteger la salud de los estudiantes, se está consciente de los peligros del entorno y se intenta blindar a la escuela contra las diversas amenazas con que se manifiestan las adicciones, desde operarios en los alrededores o en el mismo interior en canchas y baños, hasta vendedores informales que junto a las golosinas introducen también, hasta por los enrejados, pastillas y sobres con droga.

La Secretaría de Salud ha desarrollado guías y manuales que brindan recomendaciones importantes para proteger de las adicciones a los jóvenes que cursan los niveles de educación media superior y superior, promoviendo el desarrollo de redes universitarias y la participación de todos los actores de la comunidad estudiantil.

En cuanto a las recomendaciones que hace esta institución se pretende que sean "una guía de buenas prácticas de las acciones que efectúan las universidades, escuelas e instituciones educativas de los niveles medio superior y superior en México, con el fin de mejorar las condiciones de salud integral de los alumnos matriculados y así promover que sus planteles sean espacios propicios para enriquecer las actividades académicas" (Secretaría de Salud, 2012).

Como parte de estos movimientos de colaboración, fue a iniciativa de la UNAM, que se desarrolló el documento *Elementos para la construcción de una política de Estado para la seguridad y la justicia en democracia,* a partir del cual se publicaron los siguientes criterios:

1. Basarse en la evidencia científica y, por tanto,

apoyar la investigación en este campo que permita adaptar los modelos a las condiciones cambiantes, y proponer nuevas medidas más eficaces y eficientes.

2. Adoptar un foco amplio que incluya desde la prevención universal hasta la reincorporación del adicto a la sociedad.

3. Fortalecer al CONADIC y a los Consejos Estatales Contra las Adicciones para que cumplan de la manera más adecuada con las funciones para las cuales fueron creados.

4. Debe favorecerse la enseñanza y el desarrollo de modelos para ayudar a los consumidores a reconocer la necesidad de dejar de consumir, o bien, a reconocerse adictos y solicitar tratamiento; y, finalmente, para habilitar a los terceros que forman parte del entorno del adicto.

5. La intervención debe ser también selectiva, dirigida a los grupos más vulnerables y en quienes la brecha entre sus necesidades de atención y la prevención y tratamiento son más amplios, y contemplar un componente de desarrollo social.

6. El paradigma debe cambiar para incluir la

prevención de la violencia urbana y del crimen, y reconocer el lugar que tiene el hábitat en una estrategia de prevención de adicciones.

7. Consolidar un sistema nacional de tratamiento y asegurar el acceso universal a los servicios.

En lo que se refiere a la promoción de una vida saludable en los estudiantes del nivel medio superior, se desarrollan acciones en las que se considera las características de la población objetivo y las situaciones de riesgo que enfrentan.

Los jóvenes de entre 15 y 18 años enfrentan numerosas situaciones de riesgo que limitan su desarrollo pleno, aumentando con ello el grado de vulnerabilidad social. Se reconoce que es en la juventud donde se define la personalidad y la visión del mundo, pero también constituye se entiende como una etapa donde se convive con un sinnúmero de situaciones de riesgo.

En este contexto, se han venido ensayando desde el año 2008, programas varios para responder a la situación de vulnerabilidad que encaran los jóvenes, particularmente cuando se encuentran cursando el nivel medio superior de educación. Diversos estudios han establecido el efecto negativo que tienen las situaciones de riesgo en el desarrollo personal de los jóvenes, particularmente en el rendimiento escolar: embarazos prematuros, entornos violentos (escuela, familia, comunidad), exposición al consumo de drogas y/o abuso del alcohol, carencia de espacios de expresión y participación, ausencia de apego hacia la escuela, entre otros.

En este programa se trabaja de manera integral, a partir de seis dimensiones a través de las cuales se desarrollan las actividades y que son: 1) Conocimiento de sí mismo, 2) Vida saludable, 3) Escuela y familia, 4) Cultura de paz y no violencia, 5) Participación juvenil y 6) Proyecto de vida. Así, se desarrollan tres líneas de acción en el programa: la prevención (anticipación de las problemáticas), la formación (capacitación de la comunidad educativa) y la protección (generación de redes de apoyo).

El punto de partida ha sido la interpretación social de la salud, tal como la entiende la propia Organización Mundial de la Salud (OMS) que define a la salud como "un estado dinámico de bienestar físico, mental, espiritual y social, y no meramente como la ausencia de afecciones o enfermedades".

En concordancia con esta concepción, los programas emprendidos parten también de una concepción de la vida saludable como aquélla orientada a fortalecer recursos y elementos de protección individual y social, para promover la salud y obtener una mejor calidad de vida, generando actitudes de consumo responsable y de mayor conciencia con el entorno y consigo mismo.

Los diversos programas ensayado abordan el desafío de una vida saludable en forma integral para que los individuos y la comunidad interactúen a fin de desarrollar un ambiente propicio, lo cual supone el fortalecimiento de redes de apoyo al interior de la escuela, con la participación de todos los actores involucrados: estudiantes, docentes y familiares.

En este marco, los programas basan sus trabajos en una metodología que se finca en acciones probadas y evaluadas, que cuentan con un sustento metodológico y científico. En relación al consumo de sustancias adictivas, el programa entiende no solo la importancia de transmitir información pertinente, sino la necesaria modificación de actitudes y comportamiento en los jóvenes. Lo anterior se logra a través del desarrollo de actividades y acciones que propician la reflexión, el análisis y la participación activa de los jóvenes sobre estos temas, así como en la promoción de competencias y habilidades que faciliten la consecución de un proyecto de vida saludable

El método de trabajo se inicia con un diagnóstico de la situación escolar en la comunidad para identificar los retos y necesidades particulares que enfrentan en conjunto las escuelas y sus comunidades.

De los resultados obtenidos en cada centro educativo en los que se identifican el contexto, sus fortalezas y características propias, se pasa al diseño de un proyecto escolar que permita que cada escuela cuente con las herramientas específicas para resolver sus problemáticas de manera efectiva.

El proyecto se integra por actividades y acciones planteadas en un manual o diseñadas por el propio Comité Escolar, pero siempre en correspondencia con los objetivos y dimensiones del programa. Asimismo, se apoya en una matriz de actividades diseñadas por expertos en materia de juventud, particularmente de las seis dimensiones.

Las recomendaciones para la protección escolar contra las adicciones.

La Secretaría de Salud resume sus métodos de trabajo para compartirlo con la comunidad educativa nacional, estableciendo una serie de guías y manuales que brindan recomendaciones importantes para proteger de las adicciones a los jóvenes que cursan los niveles de educación media superior y superior.

Son 10 las recomendaciones establecidas por la Secretaría para que funciones como un manual de buenas prácticas contra las adicciones en las escuelas:

1ª Incluir en la reglamentación de las instituciones de educación superior, disposiciones de carácter democrático que promuevan la prevención y atención de problemas relacionados con el uso, abuso y dependencia de sustancias psicoactivas, a fin de procurar la permanencia de los estudiantes y su pleno desarrollo académico, con estricto respeto a sus derechos humanos.

2ª Generalizar el uso de los procedimientos para el diagnóstico, la detección de casos, la realización de acciones preventivas y de intervención en materia de adicciones en las escuelas de educación media superior y superior.

3ª Fortalecer el sistema de tutorías como dispositivo fundamental para promover en los estudiantes la creación de un proyecto de vida que incorpore estilos de vida saludable y el auto cuidado ante el consumo de sustancias adictivas.

4ª Sensibilizar, capacitar y actualizar a los docentes, autoridades educativas y personal de apoyo de las instituciones de educación superior, con el fin de proveerlos de elementos básicos para promover la prevención y la atención de las adicciones.

5ª Integrar en los contenidos curriculares de carreras afines al cuidado de la salud (medicina, psicología, trabajo social, sociología, antropología y pedagogía, entre otras) el uso de herramientas técnicas para la prevención y atención del uso, abuso y dependencia de sustancias psicoactivas.

6ª Abrir espacios de discusión entre los estudiantes de instituciones de educación superior para que expongan sus planteamientos y necesidades, con el fin de integrar sus aportaciones en las acciones de prevención y atención del consumo de drogas en los recintos universitarios.

7ª Promover la creación de redes de apoyo entre estudiantes en materia de prevención y atención de adicciones, a través del uso de las redes sociales como Twitter y Facebook, entre otras.

8ª Promover el desarrollo de investigaciones, eventos académicos y de extensión universitaria orientados a la generación y difusión de conocimientos y actividades para la prevención de adicciones.

9ª Ampliar la extensión de las redes universitarias contra las adicciones, aprovechando el potencial de las Tecnologías de la Información y la Comunicación (TIC's) para generalizar la adopción de políticas internas, la difusión y el intercambio de experiencias exitosas en materia de prevención y atención de las adicciones.

10ª Difundir estrategias exitosas para la prevención del consumo de drogas en población estudiantil de instituciones de educación superior.

Capítulo 4

EL RETO SOCIAL DE LA SALUD ESCOLAR

Conclusiones, enseñanzas y seguimiento

¿Qué enseñanza nos deja el repaso hecho a lo largo de los capítulos presentados en este documento acerca de las adicciones en las escuelas? Como se puede observar, se ha buscado primero detallar las nociones más extendidas y aceptadas sobre las adicciones en las escuelas para luego pasar a conocer lo que se ha publicado y presentado en foros y reportes, acerca de la dinámica de este fenómeno y las diversas estrategias ensayadas para enfrentarlo.

Después de valorar estas aportaciones, en cuanto a su significado para la recuperación de ambientes educativos saludables en las escuelas, intentaremos ahora presenta nuestra visión acerca de la viabilidad de escuelas fuertes y saludables; escuelas, en las que niños y jóvenes puedan encontrar ambientes libres de adicciones, en donde la creatividad y el aprendizaje sea el centro molecular de la misma, y hacer posible así, de esa manera, su formación y su integración eventualmente en el trabajo y la vida social activa de la nación.

Nuestra propuesta intenta ser una visión esperanzadora de los entornos educativos en el futuro, donde las escuelas sean contempladas, como escenarios que han sido diseñados para el aprendizaje, como instituciones libres de adicciones, y en las que sea la convivencia creativa y liberadora lo que predomine en ellas, como escenario futuro para nuestros niños y jóvenes en México.

Nuestra propuesta recoge lo mejor de las estrategias que se han ensayado en otros escenarios e instituciones, y cuya pertinencia a nuestras realidades educativas en el país ---incluidas sus oportunidades y limitaciones---, las hace estrategias y líneas de acción aconsejables. En este sentido, la propuesta no es del todo original, y se reconoce que en ella, hay aportes de un gran número de las estrategias y planteamientos aquí revisados.

Conclusiones y enseñanzas.

1ª Las adicciones, como fenómeno complejo y multiforme que es, asume manifestaciones que van más allá del simple consumo ocasional de alcohol o tabaco, la más observable y común de sus formas, y de las cuales la única evidencia que quedan de ellas, en ocasiones, es solo los daños en las estructuras mentales de sus víctimas y su autoestima.

2ª Las adicciones en las escuelas es un fenómeno que se adapta a las características de los diversos entornos escolares y asume así también manifestaciones en los medios y recursos de tecnología hoy en boga entre los jóvenes. Este hecho, los convierte, por su informalidad y connotaciones que lo acreditan como un medio de confianza entre ellos, en un medio sumamente efectivo en el contagio con la droga entre los jóvenes adolescentes.

3ª El abordaje de las adicciones obliga a con frecuencia a tener en cuenta las dimensiones política y económica del fenómeno, y al reconocimiento de los modos de pensar, sentir y hacer de los demás, de los grupos sociales y de sus interacciones.

5ª En estas dimensiones, se reconoce que los seres humanos, tenemos necesidad de los demás para nuestra subsistencia, no solo para la satisfacción de las necesidades básicas, sino para nuestro crecimiento y desarrollo humano integral.

6ª La capacidad de convivir es uno de los aprendizajes más importantes para el desarrollo humano; capacidad que se refiere no solo al hecho de coexistir, o de vivir con otros, sino también a la construcción del ambiente y condiciones que hacen posible el crecimiento y realización de todos.

7ª La convivencia se construye sobre la base del intercambio y establecimiento de relaciones sociales productoras de vida permanente entre los seres humanos y el medio, en cuanto se ha entendido, la convivencia, como el reflejo de las interacciones que viven a diario todos los miembros de las instituciones educativas.

8ª Una buena convivencia escolar contribuye favorablemente a la calidad de los procesos de enseñanza y aprendizaje.

9ª Es también en el ámbito de la convivencia donde se aprenden y ensayan las competencias emocionales ---la parte oculta en la mayoría de los casos de los planes educativos---, sobre todo a través de las acciones educativas explícitas e intencionadas que tienen como objetivo el aprendizaje de esas competencias.

10ª En forma indirecta, el desarrollo de las competencias emocionales surgen en este escenario de la convivencia social, donde desde el nacimiento hasta la pubertad, ocurren las interacciones con los demás y sus referentes contextuales que conforman el auto-concepto, la empatía y la comprensión del mundo social. Es precisamente en el ámbito de esta convivencia donde se aprenden y ensayan las competencias emocionales.

11ª Los programas de intervención, deben partir de una política escolar global en la que la intervención tenga lugar a nivel de la escuela, del aula e individual, incidiendo en la prevención.

12ª Es frecuente que se propongan como objetivos

de estos programas tres niveles: A nivel global, generar un clima escolar de cooperación, actitudes negativas hacia la agresión, la concientización de alumnos y docentes sobre el problema y a nivel individual fortalecer la toma de la perspectiva cognitiva del otro, y la percepción objetiva de estímulos.

13ª La educación debe servir a las personas y a los grupos para operar en el mundo y para sentirse bien operado en ese mundo: conociéndolo, interpretándolo, transformándolo en una relación fértil y creativa entre sí y el entorno.

14ª Entre las variables más frecuentemente señaladas como factores que inciden en la construcción de una educación de calidad para todos, se encuentran:

  • El foco del esfuerzo educativo en la pertinencia personal y social, de lo que se aprende, según el cual debe aprenderse lo que se necesita en el momento oportuno y en ambientes creativos.

- La convicción, la estima y la autoestima de los involucrados, donde se debe valorar altamente la educación de los pueblos y su capacidad de aprendizaje al mismo tiempo que a sus docentes.

- La fortaleza ética y profesional de los maestros y profesores, lo cual garantiza un «círculo virtuoso» en la relación entre docentes y sociedad.

- La capacidad de conducción de los directores e inspectores, ya que presentan una importante correlación con la posibilidad de gestar instituciones apropiadas que promueven aprendizajes de calidad.

- El trabajo en equipo dentro de las escuelas y de los sistemas educativos, donde una experiencia de desarrollo curricular compartido entre docentes son una clave para el logro de una educación de calidad.

- Las alianzas entre escuelas y agentes educativos, donde la comprensión de la situación de otros por parte de los actores de la educación (escuelas, familias, sociedad), permite ofrecer algo a los otros en el espacio de valores, compartido o compartible.

• El currículo en todos sus niveles, que deben atravesar tanto la estructura administrativa de una escuela, como las áreas disciplinares con focos claros, y el accionar cotidiano de los estudiantes para intervenirlo desde la escuela misma.

• La cantidad, calidad y disponibilidad de materiales educativos, que dependen mucho de la inversión económica que se haga y que permite una variedad de recursos escolares.

• La pluralidad y la calidad de las didácticas, donde se presenta un espacio para comprender que existen diversos caminos que conducen al aprendizaje, así como los profesores y los contextos.

• Los mínimos materiales y los incentivos socioeconómicos y culturales, condición indispensable para el mejoramiento de la educación.

El Programa "Escuelas Libres de Adicciones"

El Programa "Escuelas Libres de Adicciones", que aquí se presenta, es una propuesta para erradicar las adicciones de nuestras escuelas, a fin de que en ellas, los niños y jóvenes que hoy se encuentran incorporados en el sistema educativo, vivan en sus escuelas una experiencia creativa y libre, en ambientes educativos que les estimulen el aprendizaje y la convivencia entre iguales de manera pacífica y armónica, y de esa manera, hacer posible eventualmente, su inserción armónica a la vida social y al trabajo.

Son tres los componentes que identifican el proceso de intervención que se propone para abatir las adicciones en los recintos escolares: facilitación de la expresión individual, re-aprendizaje de las habilidades psico-sociales y la incorporación de metodologías de participación y solidaridad.

1. Facilitación de la expresión individual.

El niño lastimado por el consumo y abuso de drogas es un niño incapaz de expresarse en forma individual, y en casos severos hasta incapaz de expresión alguna. Es por eso que las formas de expresión del niño, de su propia palabra, sus experiencias y sus emociones, son tan importantes. Ayudan a levantar el ánimo, recrean la autoestima y fortalecen la seguridad personal, tan necesaria para la convivencia ordenada.

2. Re-aprendizaje de las habilidades psico-sociales.

El aprendizaje de las llamadas habilidades psicosociales en los seres humanos, nos son tan necesarias para la vida como lo es el agua o el aire, pues nuestra supervivencia en la vida social depende de ellas, pues incluyen cosas tan fundamentales como el conocimiento de sí mismo, la comunicación asertiva, las relaciones interpersonales, la toma de decisiones, la solución de conflictos, pensamiento creativo y crítico, manejos de emociones y manejo del stress.

Estas habilidades, son generalmente aprendidas en nuestra niñez, en la familia, en ese entorno emotivo y facilitador que es la familia, y en donde se forja prácticamente en nosotros la segunda naturaleza que nos cubre y nos proporciona lenguaje, comunicación y un mundo de ideas, imágenes y emociones. El problema es que hoy, en nuestra época, este proceso socializador se encuentra roto, pues las familias hoy se ven sujetos a presiones tales que los adultos, los padres, responsables de estos delicados procesos, son arrancados de los hogares e incorporados a los centros de trabajo, y como resultado, tenemos una generación de niños y jóvenes que crecen sin el cuidado maternal, ni el consejo aleccionador, ni la incorporación de valores y modelos de conducta. Y sin estos elementos, una relación armoniosa entre las personas, resulta imposible.

Para los científicos sociales el aprendizaje de las habilidades psicosociales, se da a partir de la formación de hábitos a edad temprana, generando conexiones neurológicas que después se transformarán en circuitos fundamentales que determinan nuestras respuestas habituales a situaciones sociales. Si estas conexiones no se usan, se debilitan y desaparecen.

Pero si se falla en la formación de estos hábitos en la edad temprana, por las circunstancias que se mencionan, sin haberse generado estas conexiones neurológicas necesarias en la formación de respuestas automáticas en la vida social, se hace necesario entonces llevar a cabo un re-proceso, un re-aprendizaje "remedial" de las mismas, a fin de asegurar un pasaje armónico a la vida adulta. Este es el segundo componente de nuestra propuesta de intervención: el camino a la recuperación de las habilidades psicológicas y sociales, perdidas.

3. Incorporación de metodologías de participación y solidaridad.

El modelo de intervención que se propone busca así mismo generar oportunidades y espacios de convivencia en la escuela, a través de metodologías participativas y solidarias, en las que los niños participen y cooperen en actividades conjuntas, al lado de sus compañeros.

La metodología de participación, implica también la generación de procesos de autogestión, en los que los niños sean y se sientan actores responsables y creativos, capaces de organizarse a sí mismos, dándose cuenta que tienen problemas comunes y que trabajando juntos pueden resolverlos y superarlos.

Para propósitos de la prevención de las adicciones en las escuelas, el enfoque resulta importante pues el fenómeno aparece tanto en la vida privada, como en la vida pública, y frente al cual los menores aislados por sí mismo nada pueden hacer.

Por supuesto, gestar estos procesos, requiere en los niños y adultos que participan en el proceso, conocimientos y actitudes para ello, que les permita desarrollar alternativas de solución propias, materia de trabajo en los talleres de preparación.

Trabajando bajo estas premisas, la propuesta de intervención contra las adicciones en los centros escolares, establecemos como objetivo y líneas de trabajo, las siguientes:

Objetivo general del programa.

Organizar, dirigir y supervisar, un programa de prevención de las adicciones, con el fin de lograr una armonía escolar, con la participación de todos los actores educativos, familia y sociedad, y sirva para la erradicación del abuso de sustancias nocivas que perjudican la salud de nuestra juventud .

Etapas:

1.0 Estrategias de preparación.

    1.1 Contar con una normatividad clara y funcional en materia de seguridad escolar.

    1.2 Contar con una estrategia que establezca vínculos permanentes entre las instancias que interactúan en el ámbito de la comunidad escolar y de la propia sociedad.

    1.3 Desarrollar las bases de coordinación entre los diversos niveles de autoridad que interactúan en la seguridad escolar.

    1.4 Dar seguimiento a las acciones emprendidas, a través de su evaluación y mejora sistemática bajo una concepción de calidad y mejora continua.

    1.5 Presentar el programa, en la institución escolar en que se aplica, dando a conocer el plan de trabajo detallado, sus objetivos, logística y calendarización.

2.0 Estrategias de arranque y desarrollo inicial.

    2.1 Compartir con los docentes de la escuela un taller intensivo de sensibilización y actualización de los docentes, sobre el fenómeno de las adicciones, con una duración mínima de ocho horas.

2.2 Compartir con los padres de familia de la escuela, mediante una sesión informativa (conferencia), en donde se aborde el tema de las adicciones entre los jóvenes adolescentes, a fin de sensibilizarlos buscando asegurar así su apoyo y participación en el mismo.

2.3 Abordar el problema de las adicciones con los mismos alumnos a través de una sesión informativa / conferencia, buscando sensibilizarlos sobre el problema y contar así con su aceptación y apoyo.

2.4 Aplicar una batería de cuestionarios de diagnóstico, en los grupos escolares, para determinar el clima escolar reinante y reunir las evidencias que sobre las adicciones en la escuela.

2.5 Tomar las medidas pertinentes para casos extremos que hayan sido detectados, dando seguimiento al programa en cada aula.

2.6 Desarrollar el código de conducta de la escuela, a través de dinámicas de discusión (lluvia de ideas), que se lleven a cabo en todos los grupos, cuidando que estos compromisos de conducta sean firmados por los propios alumnos y los docentes.

2.7 Instalar en la escuela un sistema de supervisión a través de cámaras digitales para la vigilancia de accesos, pasillos, patios, baños y áreas aledañas.

2.8 Desarrollar acciones de supervisión por parte de los docentes, durante los recesos a fin de mantener vigiladas las áreas más sensibles de la escuela, como cafetería, canchas, pasillos, patios y salones.

2.9 Fijar un buzón de sugerencias en cada salón y fomentar la participación en la prevención de adicciones.

2.10 Organizar, capacitar y coordinar a las brigadas preventivas de seguridad escolar, como entidades auxiliares en la vigilancia de las escuelas (Ley de Seguridad Escolar, art. 29).

2.11 Efectuar las recomendaciones en cuanto a la seguridad de la escuela, y que serán aplicadas al interior y exterior de los centros escolares, distribuyendo material informativo (posters, trípticos, folletos, etc.) en la escuela y áreas circundantes.

2.12 Efectuar las recomendaciones pertinentes, a los "reglamentos interiores", en materia de seguridad escolar, específicamente en prevención, atención y erradicación de las adicciones y otras conductas antisociales, así mismo se establecerán las políticas necesarias, para que la carta de "buena conducta", adquiera un valor significativo y real, creando en los agentes escolares y familias, una cultura de respeto, por la eficacia del documento, es decir que su obtención, realmente signifique un esfuerzo por demostrar buena conducta.

2.13 Coordinar acciones en relación a la siembra de valores entre alumnos y maestros, que refuercen estas convicciones a través de dinámicas y sesiones de sensibilización.

Segunda etapa: La consolidación

3.0 Estrategias de evaluación y seguimiento.

3.1 Una vez al mes, desarrollar en los diferentes grupos de la escuela, una dinámica de grupo que promueva y fortalezca la convivencia, el respeto, la confianza y la paz, como medidas de seguimiento y prevención de las adicciones. .

3.2 Proyectar películas en los grupos escolares, que aborden el tema de las adicciones en las escuelas, para que sean analizadas y discutidas, a fin de promover la empatía y la autoestima.

3.3 Desarrollar conferencias para docentes y padres de familia sobre "La importancia de poner reglas en casa" y "Resolviendo conflictos en la familia".

3.4 Conferencia para docentes y alumnos sobre los temas de liderazgo y solidaridad.

3.5 Aplicación de cuestionarios por grupo, antes de finalizar el curso, para conocer los avances, medir y resolver sobre los problemas particulares.

3.6 Cada seis meses, valorar las experiencias, sus logros y sus limitaciones, y hacer las correcciones pertinentes para su mejora.

BIBLIOGRAFÍA

Ariel Alcántara Euguren, Covadonga Cuétara Priede, Javier Pérez Saleme y Marco Antonio Pulido Rulla. Consumos de drogas y alcohol en universidades privadas de dos ciudades mexicanas. Psicología y Salud, Vol. 21, Núm. 1: 39-46, enero-junio de 2011.

Arnaz, Roberto. Drogas, piratería y tráfico de personas: los mayores mercados negros del mundo.http://esus.finanzas.yahoo.com/blogs/y ahoo-finanzas/drogas--pirater%C3%ADa-y-tr%C3%A1fico-de-personas--los-mayores-mercados-negros-del-mundo-160755828.html

Arriagada, Irma y Martín Hopenhayn. Producción, tráfico y consumo de drogas en América Latina. División de Desarrollo Social. CEPAL Naciones Unidas. Santiago de Chile Octubre 2000. ISBN: 92-1- 321657- http://www.eclac.cl/publicaciones/xml/1/5621/lc l1431e.pdf

Castro, M.E., Llanes, J. y Macías, G. (2002). Prevalencias en el consumo de drogas en muestras de estudiantes. En J. Villatoro y M.E.

Medina-Mora (Coords.):Observatorio Mexicano en Tabaco, Alcohol y otras Drogas. Las encuestas con estudiantes: una población protegida en constante riesgo. México: CONADIC.

Castro, M.E., Pérez, M., De la Serna, J. y Rojas, E. (1989). Costo social del uso de marihuana vinculado a la realización de actitudes antisociales en la población estudiantil. Revista Mexicana de Psicología, 6 (1), 27- 34.

Clayton, R.R. (1992). Transitions in Drug Use: Risk and Protective Factors.En M. Glantz & R. Pickens (Eds.). *Vulnerability to drug abuse.* Washington, DC: American Psychological Association.

De Maillar, Jean. Atlas de la criminalidad financiera. Un mundo sin ley. Editorial AKAL ISBN 978-84-460-1178-1 España, 2002. http://www.akal.com/libros/Atlas-de-la-criminalidad- financiera/9788446011781

Elliot, D.S., Huizinga, D.M. y Ageton, S.S. (1985). *Explaining delinquency and drug use.* Beverly Hills, CA: Sage.

Encuesta Estatal sobre uso de drogas entre estudiantes de enseñanza secundaria 1994-2010. Delegación de Gobierno Plan Nacional Sobre Drogas (DGPNSD) España, 2010.

Encuesta Nacional de Adicciones 2011: Reporte de Drogas. Primera edición 2012. Editor: Instituto Nacional de Psiquiatría Ramón de la Fuente Muñiz / Secretaría de Salud / ISBN 978-607-460-284-5. México.

Encuesta Nacional Universitaria sobre la Violencia, las Drogas y el Delito. México 2013. (http://www.eluniversal.com.mx/nacion-mexico/2013/drogas-en-universidades-4como-comprar-dulces-34-967525.html)

García Moreno, María del Rosario. Consumo de drogas en adolescentes: Diseño y desarrollo de un programa de prevención escolar. Universidad Complutense de Madrid. Madrid, 2003. ISBN 84-669- 2371-3.

Jusidman Clara (Coordinadora) La Realidad Social de Ciudad Juárez. Clara Jusidman / Hugo Almada. Ciudad Juárez, Chihuahua: Universidad Autónoma de Ciudad Juárez, 2007. ISBN 978-968-9305-01-9

Manual para el Maestro del Programa Escuela y Salud. Desarrollando competencias para una nueva cultura de salud. Contenidos de estrategias didácticas para docentes. SEP / Salud. México 2008 ISBN 978-607-7632-10-8. http://www.sepbcs.gob.mx/Educacion%20Basi ca/Escuela_Salud/_Manuak_Maestro.pdf

Moncada, S. (1997). Factores de riesgo y de protección en el consumo de drogas. En Plan Nacional sobre Drogas (Ed.), *Prevención de las drogodependencias: análisis y propuestas de actuación, (pp.* 85-101). Madrid.

Muñoz-Rivas, M.J., Graña, J.L. y Cruzado, J.A. (2000). *Factores de riesgo en drogodependencias: consumo de drogas en adolescentes.* Sociedad española de Psicología clínica legal y forense.

Orientaciones para la prevención de adicciones en escuelas de educación básica. Manual para profesores de secundaria. Programa Nacional Escuela Segura. SEP/Salud ISBN 978-607-7632-00-g México 2008.http://es.scribd.com/doc/106010294/ADI CCIONES- manual orientaciones.

Pautas para la Prevención y la Atención de las Adicciones en Universidades, Institutos y Escuelas de Educación Media Superior y Superior en México. Comisión Nacional contra las Adicciones. Primera edición, 2012 ISBN: En trámite. D.R.© Secretaría de Salud. México.

Prevención de adicciones en escuelas de educación primaria. Programa Escuela Segura.SEP2011.http://es.scribd.com/doc/627 40924/Prevencion-de-Adicciones-en-la-escuela-primaria

Torres, Jorge. El Imperio de la Droga. Revista Contra línea. Periodismo de investigación. http://www.contralinea.com.mx/c16/html/portada/imperio.html.

Villatoro, Jorge et al. El Consumo de drogas en México: Resultados de la Encuesta Nacional de Adicciones, 2011. Salud Mental 2012; Volumen 35,: 447-45

SOBRE LOS AUTORES

Luis Francisco Martínez Ruiz, es maestro en Administración y Lic. en Administración. Presidente del Consejo Nacional de Líderes Sociales de México (CONAL), consultor de la Comisión Federal de Electricidad en el tema de Liderazgo. Profesor de Tiempo Completo de la Universidad Autónoma de Chihuahua, adscrito a la Facultad de Ciencias Políticas y Sociales. Recibe comentarios en lfmarti2000@yahoo.com.mx

Víctor Hugo Medrano Nevárez, es maestro en Comunicación Política e Ing. Industrial. Profesor de Tiempo Completo de la Universidad Autónoma de Chihuahua, adscrito a la Facultad de Ciencias Políticas y Sociales, ha participado como dictaminador del Programa de Coinversión Social del INDESOL. Integrante del Grupo Disciplinar del Tercer Sector y Política Social de la UACH Recibe comentarios en hmedrano@uach.mx.

Rubén Borunda Escobedo, es maestro en Administración, Lic. en economía y Lic. en Filosofía. Profesor de Tiempo Completo de la Universidad Autónoma de Chihuahua, adscrito a la Facultad de Ciencias Políticas y Sociales. ha participado como dictaminador del Programa de Coinversión Social del INDESOL. Integrante del Grupo Disciplinar del Tercer Sector y Política Social de la UACH Recibe comentarios en ruborun@uach.mx.

9 780692 576847